One
Minute

One
Minute

给青少年看的
学霸
笔记法

[日] 石井贵士 / 著　商倩 / 译

台海出版社

北京市版权局著作权合同登记号：图字01-2022-5595号

Honto ni Atama ga Yokunaru 1-Punkan Note Jutsu

Copyright © 2014 Takashi Ishii

Original Japanese edition published by SB Creative Corp.

Chinese simplified character translation rights arranged with SB Creative Corp.

Through Shinwon Agency Beijing Representative Office,Beijing.

Chinese simplified character translation rights © 2022 Beijing Createbook

Cultural Co., Ltd

图书在版编目（ＣＩＰ）数据

给青少年看的学霸笔记法 / （日）石井贵士著 ；商
倩译. －－ 北京 ：台海出版社，2022.11（2025.1重印）
ISBN 978-7-5168-3425-1

Ⅰ. ①给… Ⅱ. ①石… ②商… Ⅲ. ①青少年－学习
方法 Ⅳ. ①G442

中国版本图书馆CIP数据核字(2022)第197129号

给青少年看的学霸笔记法

著　　者：（日）石井贵士　　　　译　者：商　倩

责任编辑：赵旭雯

出版发行：台海出版社

地　　址：北京市东城区景山东街20号　　　邮政编码：100009

电　　话：010-64041652（发行，邮购）

传　　真：010-84045799（总编室）

网　　址：www.taimeng.org.cn/thcbs/default.htm

E -mail： thcbs@126.com

经　　销：全国各地新华书店

印　　刷：三河市中晟雅豪印务有限公司

本书如有破损、缺页、装订错误，请与本社联系调换

开　　本：880毫米×1230毫米　　　　　1/32

字　　数：96千字　　　　　　　　　　印　张：6

版　　次：2022年11月第1版　　　　　印　次：2025年1月第2次印刷

书　　号：ISBN 978-7-5168-3425-1

定　　价：49.80元

目录 Contents

给青少年看的
学霸笔记法

第九章
一页一秒复习的笔记技巧

第十章
快乐学习的笔记技巧

前言

　　看到这本书的书名，应该有不少人会冒出这样的念头：笔记法？笔记不就是依照自己喜欢的方式做就好了吗？

　　实际上，以我目前为止已经超过十年的演讲经验来看，来参加讲座的听众里面，每100人大概只有一位会让我觉得这个人做笔记的方式好厉害啊！其余99位几乎都是按照大家普遍运用的方式记笔记，难怪日后无法好好复习。

成功做好笔记的必胜法

长期以来，我一直在不断思考怎么写这个主题。

现在，让我来详细地为各位解释，何谓一分钟笔记法——也就是说如何正确地做笔记。

初中生、高中生，乃至社会人士，几乎每天都有做笔记的机会。

但很多人仍然不知道该如何成功地做好笔记或是根本没有想过如何做笔记。

脑中的思绪乱七八糟，做笔记的方式也会跟着一团乱。

明明上的是同样的课，有的人成绩优异，有的人成绩却始终在谷底徘徊。

究其原因，就是因为大家记在笔记里面的内容不同，才导致成绩出现了差异。

即使笔记本一直陪伴在你的左右，但恐怕你一辈子都没想过要如何做好一本笔记吧！

而学习过程中出现的部分盲点，很可能就是源于

你做笔记时的疏漏。

若是能够克服学习上的盲点，你的脑筋就会更加灵活，成绩也会有惊人的改善。

爱迪生的成功，来自3700本笔记！

 备忘录是我的救命恩人

爱迪生十分沉迷于做笔记。

他非常清楚在自己的人生中，做笔记有多么重要。

你是否清楚做笔记这件事情，对你的人生将产生多大的影响呢？

看到这句话，多数人会觉得不可思议：什么！做个笔记会影响到我的人生？你也说得太夸张了吧！

如果会这样想的话，你可能也是属于尚未察觉到笔记重要性的人群。

像爱迪生这样的天才，都把做笔记当成最重要的事情。

One Minute
前言

第一章　笔记为什么要做

第二章　本与A5笔记本同时使用A4活页

第三章　课堂上的笔记技巧

第四章　快速提升成绩的笔记技巧

第五章　有效提升记忆力的笔记技巧

第六章　激活右脑的笔记技巧

第七章　制定日程表的技巧

第八章　文具术活用四色

第九章　一页一秒复习的笔记技巧

第十章　快乐学习的笔记技巧

那么，我们是不是也应该更加重视做笔记的方法？

要知道，爱迪生遗留下来的笔记高达3700本之多。

只要遇到困难，他就会去翻阅笔记，从笔记中获得启迪，创造新的发明。

接下来，我想问你：

现在的你，一共累积了多少本笔记呢？

当你遇到困难时，有回头翻阅过去所做的笔记本的习惯吗？

绝大部分人累积的笔记本数量约在100本以下，而且因为生活太忙碌，所以完全没有时间回头复习自己的笔记吧？

追根究底，我想这就是为什么你在学生时期学习上一直拿不到高分，而进入社会工作，业绩也无法快速提升的原因。

请想想看。

如果你做的笔记和爱迪生一样多，也像他一样，

前言
第一章 笔记为什么要做
第二章 同时使用A5笔记本与A4活页
第三章 课堂上的笔记技巧
第四章 快速提升成绩的笔记技巧
第五章 有效提升记忆力的笔记技巧
第六章 激活右脑的笔记技巧
第七章 制定日程表的技巧
第八章 活用四色文具术
第九章 一页一秒复习的笔记技巧
第十章 快乐学习的笔记技巧

有回头重复翻阅笔记的习惯，你的人生会有什么不同呢？

这样一来，你的学习成绩或者业绩会不会也像这位天才一样呢？

 达·芬奇之所以能在各领域之中成为天才，就是因为他认真做笔记

为什么爱迪生会沉迷于做笔记呢？

这是因为爱迪生有个尊敬的人物。

这个大人物，就是在各个学术领域中都被称为天才的——达·芬奇。

当看到达·芬奇遗留下来的大量笔记，爱迪生意识到：

若是自己也照着这个方法做，应该也能成为天才，所以才进而模仿他的做法。

试想以下的顺序：达·芬奇→爱迪生→你——这代表了当你了解做笔记的重要性后，也能成就伟大

的事业。

达·芬奇的笔记特征在于每一页或是跨页，都只聚焦在同一个主题上。

正因为如此，所以他常以图解形式来展现内容。

这样看到笔记的人，在看到笔记的一秒之内就立刻明白他想要表达的内容。

做笔记的前提，就是要做好假设，把笔记写成复习时一看就能清楚明白的内容。

 ## 一页一秒就是笔记术的终极秘诀

让我们来学习写出一页只需花一秒钟就能看懂的笔记吧！

如果用这种方法做笔记，就能以一页一秒的速度来复习，这样算起来，60页的笔记便能在一分钟以内复习完。这就是我一直在提倡的**一分钟笔记法**。

你想要将自己的笔记做成一页只需花一秒就能看完吗？

绝大部分人做笔记时，都不是以让自己便于复习

达・芬奇的笔记

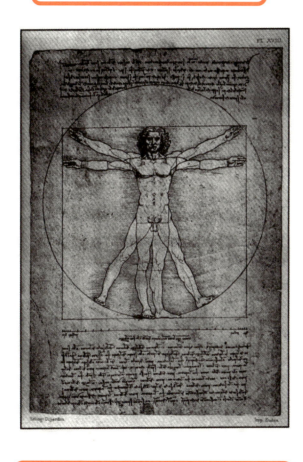

达・芬奇的笔记是用图像加上简单易懂的文字组合而成。

的前提而做的。通常是在不假思索的状况下，随手写下的。

因为没思考过之后要怎么使用，就直接写笔记，导致事后复习变得困难，一旦复习变得困难，就会不想复习，之后再做笔记时，又是随手写……如此变成一种恶性循环。

为了达到一秒钟看完一页，我们要常常练习做笔记。

这就是笔记法的秘诀。

那么，我们应该怎么记笔记才好呢？接下来我会做详细的说明。

爱迪生继承了达·芬奇的精神

接下来，是换你对笔记法有所觉悟，成为天才的时候了。

你非常幸运，生在比起达·芬奇、爱迪生等人还要进步，被称为"现代"的这个时代。

前言

第一章　笔记为什么要做

第二章　本与A5笔记本同时使用A4活页

第三章　笔记技巧课堂上的

第四章　笔记技巧快速提升成绩的

第五章　的笔记技巧有效提升记忆力

第六章　笔记技巧激活右脑的

第七章　技巧制定日程表的

第八章　文具术活用四色

第九章　的笔记技巧一页一秒复习

第十章　笔记技巧快乐学习的

因为有这么多的笔记留下来，有这么多的天才发明从中孕育而出，所以你现在终于可以理解我所说的这个道理了吧。

接下来，你只要跟着这些大师学到记笔记的正确方法，假以时日就可以成为天才。

直到今天，也许你的学业成绩并不怎么优秀，工作也不怎么顺利。

对这样的你而言，在今天、这个瞬间，如果你学会了笔记法，也就是向天才这个身份跨出了第一步。

只要做出3000本以上一秒可以读懂一页的笔记，你一定会成功。

来吧！通过这本书，一起学习笔记法吧！

荣耀的光芒，正在你面前的不远之处闪耀。

One
Minute

第一章

为什么要做笔记

改变做笔记的方法，
让成绩突飞猛进

最厉害的笔记是哪怕今天丧失了记忆，只要读过笔记，也能马上回想起来。这才是成功的笔记。

总而言之，笔记不是为了别人，是为了自己而做。

过去我在辞去正职之后，曾经写过一本哪怕丧失记忆，只要看了这一本书，就能变成亿万富翁的笔记。

是的，说得极端一点，**做笔记时，你就要保持着就算丧失记忆，也能马上看得懂的心态来写。**

考大学的时候，我也曾经做过一份就算丧失记忆，只要从头到尾看过一遍，也能达到学力偏差值将近70分的世界史笔记。

我考试前不再看其他资料，就只看那份笔记，从古代史到近代史，光历史这一科，就能拿到接近满分的高分。

绝大多数人做笔记的方式都是用备忘录的模式在记录。

就算不是用备忘录的模式，也只是保持着"因为老师说很重要啊，所以就写下来吧"的随意心态来记笔记。

这种思考模式实在是太没干劲了。

让我们逆向思考一下，假如有一天，你丧失了记忆，看了你的笔记能马上想起读过的内容吗？

先把做笔记的目的想清楚再开始做笔记，你才能做出非常棒的笔记。

写出能以一页一秒的速度复习的笔记。

不论笔记做得多详尽，如果会增加复习上的负担，就不是好笔记。

所以我们必须先思考复习时可能会遇到的状况，再开始做笔记。

我们的最终目标是写出能够以一页一秒的速度来复习的笔记。

不要用粘在一起的细小字体做笔记，而是把字写得大大的，文字距离大较容易阅读。

很多人可能会认为那样太浪费笔记本了呀！所以在做笔记的时候，就像在雕花一样，一个字紧靠着另一个字，直到填满整本笔记。

如果你有"这样很浪费笔记本呀""文字应该要写满整本笔记本"的这种想法，全部都是错的。

一般人写一页的量，你应该放宽写到将近四页，这才是刚刚好的程度。

因为不这么做的话，就绝对达不到一秒复习完一页的目标。

做笔记时使用大一点的字

✕ 使用小字紧密排列的笔记

○ 使用大字宽松排列的笔记

这就是能一页一秒复习的笔记

使用 7 毫米行宽的笔记本

做笔记的时候，行距不要太紧密，尽量挑选行距宽大一点的笔记本，而我建议最佳的行间宽度为7毫米。

另外，在书写的时候，每行之间要多空一行。这是因为，如此一来在笔记写错的时候也比较容易订正。

同一个段落，每写完一行时，最好先空一行再继续书写。

若不是接续前面的内容，则空出一行作为段与段之间的分隔，再开始写下一个段落。

不这样写的话，就不能把笔记写得宽松。

对于不习惯这么做的人而言，也许会有这样写浪费纸的感觉。

但这绝对不是浪费。

这是为了之后能让自己可用一秒钟就复习完一页，现在必须下定决心来这样做。

小学的时候，我的同桌是一位叫贝塚的男生，曾经在上课时，突然向老师告状："老师！石井同学用奇怪的方式做笔记，这样实在太浪费纸张了！请老师批评他！"

贝塚同学记笔记的时候，是典型的喜欢把字写得小小的，并且紧密排列的人。所以相对他来说，我的笔记不但字体过大，行与行之间的距离又过于宽松。

后来，老师只淡淡地说："每个人做笔记的方式都不同呀！"以此来结束这场风波。

没想到意见居然没被采纳，下课后贝塚同学仍是一副不能接受的表情。

笔记要空行书写

 小字紧密排列的写法

公元622年，穆罕默德因为遭到迫害，从麦加逃离，逃到北方300千米远，汉志王国中部的麦地那定居。关于穆罕默德自加逃离的这个事件，后来被称为"圣达"。

●┈┈┈┈┈┈┈┈┈┈┈┈┈┈┈┈┈┈┈●

 空一行，
宽松排列笔记法

公元622年，穆罕默德因为遭到迫害，

从麦加逃离，

逃到北方300千米远，汉志王国中部的麦地那

建议挑选每行间距7毫米的笔记本

　　但是从小学开始，我就对宽松排列的笔记法确信不疑。

　　因为，做笔记是为了有效率地在短时间内完成复习。回想起来，即使当时被老师纠正，我想我还是依然会坚持自己的做法。

　　做笔记时使用宽松的写法，是有其价值所在的。

第一章 为什么要做笔记

第二章 同时使用A4活页本与A5笔记本

第三章 课堂上的笔记技巧

第四章 快速提升成绩的笔记技巧

第五章 有效提升记忆力的笔记技巧

第六章 激活右脑的笔记技巧

第七章 制定日程表的技巧

第八章 活用四色文具术

第九章 一页一秒复习的笔记技巧

第十章 快乐学习的笔记技巧

03

只记在右页

试试看只用笔记本的右页来做笔记吧！

一定会有人觉得："啊？这未免也太浪费了吧！你是脑袋出了什么问题吗？竟然要把左页完全空出来！"

"石井先生你应该是出生在富裕的家庭吧？这种方法对穷困的我们来说根本不适合啊！"可能还有人会这样想而反驳我吧。

但是当你成绩一直在低谷徘徊，还在想着学习的时候不能浪费，这根本就是本末倒置。想让成绩变好的人，应该要想的是：不管花多少钱都没关系，总之我要在最短时间内提升成绩。

请记住，笔记本就是要奢侈地使用。

为了让复习变得简单轻松，正确的笔记是应该尽量让空白的地方多一点。

只使用活页本的右页，左页什么都不要写

不但只写活页本的右页，而且写的时候还要尽量留下大量的空白。

为什么左页要留出来呢？这是为了将来可以把需要的知识点剪下来，贴到另外一本笔记本上。

比如当我们想在同一个页面上，同时记下德川家康与织田信长的事迹时：

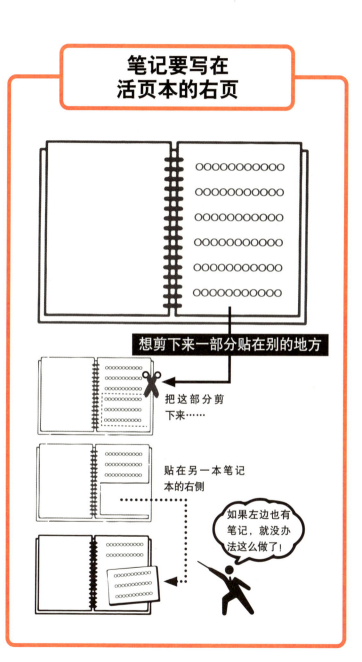

如此一来，无论是想汇整德川家康的事迹或是想汇整织田信长的事迹，只要剪下那一部分的页面，贴到汇整的笔记本里就可以了。

如果我们在左页写上别的笔记，当你想剪贴部分页面时，就一定先得一页一页复印下来，再加以剪贴，否则就无法随心所欲地编写了。

只要记得有一天我们可能会需要以重新剪贴来汇整资料，就能理解活页本只使用右页的意义。

为了便于将来剪贴使用，与其使用普通的笔记本，活页本使用起来更加得心应手。

虽然我在念书的时候，用的都是普通的笔记本，不是活页本，但因为当时就考虑到将来可能会剪贴这些内容，所以就预留了左页没用，才能把那些重要的笔记内容剪贴到我现在使用的活页本里。

我推荐使用行间距7毫米、30孔的A4活页本。

使用左翻30孔的活页笔记本，并且做行距宽松的笔记。

若不空行而是把每一行都填满的话，想要剪贴部分内容时，就会难以下手。若是养成每行之间最好空一行的习惯，之后就能轻松地剪贴内容。

下笔前若是多思考未来会如何使用这本笔记，就能做出更适合自己的笔记。

04

在笔记上做备注，
而不是在资料上

　　应该有不少人上课时、开会时，手上一拿到参考资料，就想直接把笔记记在这些资料上面。

　　当然，如果这是你之后会再翻几百次的教科书、参考书，的确是应该持续补上注解。

　　但是从现在开始，让我们试着不要在老师发给大家

的复印的讲义上记笔记。

也不要把备注记在开会的资料上面。

需要备注的内容要写在笔记里，而不是写在复印的讲义上。

请彻底执行这一部分。

若是有重要的资料在复印本上，请将那部分剪下来，贴进笔记里。

不管怎么说，复印的讲义是次要的，笔记本才是主要的。

复印本有一天可能会丢掉，但笔记本是不会丢的。

若是想要保留复印的文件做资料，就装进A4活页本的透明资料袋之中。

切记，A4活页本才是你最主要的笔记工具。

无论是从杂志里剪下来的报道或是重要的资料，都可以把它贴进这本笔记之中，这样才叫去芜存菁，妥善保存自己想要的资料。

若是整页资料都很重要，那么就使用活页透明资料袋吧。它是你最方便的保存工具。

绝对不能用电脑和智能手机来取代笔记本

学习时，一定要用手写的方式做笔记，这一点是绝对不可以改变的。因为通过书写的过程，脑袋才会自然而然地重整笔记的内容。

有人在上课时，习惯将老师讲课的内容直接录入笔记本电脑中。

这种做法其实对老师是很不礼貌的，不但如此，打字的声音也会影响其他同学上课的情绪。

只靠电脑录入，老师无法得知这个学生对于今天这堂课的理解程度。

但如果老师能看到学生整理重点的手写笔记，就能判断这个学生有没有抓住课程重点。

更糟糕的是，有的学生还不是用电脑，而是把老师讲的重点记在智能手机上。

备注要记在笔记本里面

✕　　　　　✔

资料

不要将备注记在讲义上

将重要的资料放在笔记本的文件夹里

重要

资料中重要的部分则应剪下来贴在笔记里

重要

这会让老师不禁怀疑："你上课使用手机做笔记？其实根本是在偷玩游戏吧？"

做笔记之前，你应该先考虑用什么方式做笔记，才会是老师心目中的好学生。

如果你是老师，怎么可能喜欢在课堂上眼睛一直盯着电脑，或者拼命低头按手机的学生？

而看到肯老老实实手写笔记的学生，老师也会觉得："这孩子能听懂我说的话呀！"因而感到非常欣慰。

One
Minute

第二章

同时使用A4活页本
与A5笔记本

第一章 笔记为什么要做

第二章 A5活页本与同时使用A4

第三章 课堂上的笔记技巧

第四章 快速提升成绩的笔记技巧

第五章 有效提升记忆力的笔记技巧

第六章 激活右脑的笔记技巧

第七章 制定日程表的技巧

第八章 活用四色文具术

第九章 一页一秒复习的笔记技巧

第十章 快乐学习的笔记技巧

01

在 A4 活页本的
左右两侧划线

若说起现代版的达·芬奇，我想当数**中谷彰宏**[注1]老师了。

不管在工作上，感情上，还是其他任何方面，他都可以说是全方位地精通。

注1：中谷彰宏，1959 年出生于日本。早稻田大学第一文学部戏剧专业毕业。23 岁出道成为作家。其作品数量众多，涉及商务、生活和爱情等主题。

虽然我已经出版了970本以上的书，但仍然不及中谷先生懂的知识的1%。

我曾经有幸拜读了中谷先生的笔记本，他不仅只使用活页本的右侧，在页面上，左右距离约3.5厘米处还各画了两条线。

在那一瞬间，我忽然受到了启发：啊！原来还可以这样做呀！

从那时开始，我就会在笔记本的左右两侧距离3.5厘米的位置画线以后再做笔记。

右边写行动方案，左边做分类

那么，该怎么使用呢？中间的部分当然就是用作普通的笔记了。

右侧的部分写行动方案

听了老师的课之后，如果决定就按老师教的这么做，就请把具体的行动方案写在这里。

比如买需要购买的参考书，或是去买颗会发光的袖扣，等等，要提醒自己把具体行动写在右边。

左侧的部分则是用来将笔记内容分类

根据老师话题的变换，写出不同的分类，例如电影话题、业绩话题、恋爱话题等。

这样做的话，未来在剪贴笔记时就会变得很方便。

在活页本距离两侧各3.5厘米的地方画线。

右侧写行动方案。

左侧写分类主题。

正中间就用作一般的笔记。

这就是到目前为止我认为最好的笔记格式。

就像爱迪生效仿达·芬奇，学习如何善用笔记一样，我也从中谷彰宏先生那里得到了启发，学到了笔记的正确使用方法。

第一章 笔记为什么要做

第二章 A5活页本与A4笔记本同时使用

第三章 笔记技巧课堂上的

第四章 笔记技巧快速提升成绩的

第五章 有效提升记忆力的笔记技巧

第六章 激活右脑的笔记技巧

第七章 制定日程表的技巧

第八章 文具术活用四色

第九章 一页一秒复习的笔记技巧

第十章 快乐学习的笔记技巧

我现在的最强笔记

在页面的左右各3.5
厘米处画出一条线

3.5厘米　　　　　　　3.5厘米

不使用笔记本的左侧

用于一般
笔记

用来分类

写行动方案

第一章 笔记为什么要做

第二章 A5笔记本与活页本与同时使用A4

第三章 课堂上的笔记技巧

第四章 快速提升成绩的笔记技巧

第五章 有效提升记忆力的笔记技巧

第六章 激活右脑的笔记技巧

第七章 制定日程表的技巧

第八章 文具活用四色

第九章 一页一秒复习的笔记技巧

第十章 快乐学习的笔记技巧

02

用 A5 的薄型笔记本当作随身笔记本

有人问过我："难道你都随身携带A4活页本吗？"

当然，我并不会随身携带这么大一本的活页笔记本。

我出门有专用的随身笔记本。

至于随身笔记本该如何选择，我的建议是：

①A5尺寸

②线圈式笔记本

③每行的宽度为7毫米

④50页左右的薄型笔记本

若能符合以上四项条件，就是最棒的随身笔记本了。

让随身笔记本成为能便于剪贴的笔记本

第①点，是因为如果将A4笔记如前所述分成三部分，中间部分的宽度就会差不多符合A5的尺寸。

而我们的随身笔记当然也只能使用右页。

为了将来能够加以剪贴，背面页必须保持空白。

至于为何要选用A5尺寸？这是因为A4活页纸被分成三部分后，A5活页纸的尺寸只略微超过中间部分的宽度，因此便于将A5笔记的内容剪贴上去。

第②点，使用线圈式笔记本。线圈式笔记本可以一页一页撕下来，若是一般的笔记本，剪完剩下不要的部分就比较难处理。

第③点，行间宽度为7毫米，当然也是因为预先想好未来可能会剪下来贴在A4活页本上，为了让两边行距宽度相等而设计的。

第④点，使用内页50页左右的薄型笔记本，是因为可以轻松地随身携带，不至于因为页数太多而显得过于笨重。

而且只要将需要的资料剪下贴到A4活页本，不需要的资料直接丢掉，随身携带的笔记本就会越来越轻了。

至于A4的活页本，当然是左右两侧3.5厘米处本来就画好线的是最好的。

只可惜本书出版的时候，这种笔记本还不存在，所以各位读者只能自己动手画了。

希望有一天这样的笔记本能够出现。

当你思考该使用哪种笔记本时，先做逆向思考，未来会如何复习、拟出战略计划，才能做出好笔记。

第一章 笔记为什么要做

第二章 A5笔记本与A4活页本同时使用

第三章 课堂上的笔记技巧

第四章 快速提升成绩的笔记技巧

第五章 有效提升记忆力的笔记技巧

第六章 激活右脑的笔记技巧

第七章 制定日程表的技巧

第八章 活用四色文具术

第九章 一页一秒复习的笔记技巧

第十章 快乐学习的笔记技巧

不要用记事本，帮你的笔记本穿书套

不要再用记事本来代替笔记本了。

这是因为，去年的记事本到今年就不能用了。

而且如果预想到会有剪贴重要资料的需要，应该就会无法理解在记事本里做笔记这样的行为。

即使三年前的笔记，应该也会有很重要的资料需要保留才对，若是使用年度记事本，随着新的一年来到就得换新，旧的也就无法再继续使用了。

若是真的想要使用记事本随身记事，就把笔记本和记事本用途分开，平常把记事本放在家中，出门只携带A5笔记本，必要时将资料剪贴在记事本里，至于日常行为记事，则可复印一份，放在A5笔记本的夹套里。

如此一来，只需要随身携带一本A5尺寸笔记本即可。

需要上课或是听讲时，则连同A4活页本一起带着。

按照这种方式，就能将随身携带的东西减到最少。

不要使用厚重的活页记事本，改用书套

我常常看到很多人喜欢使用可以夹入很多页资料、厚重的活页记事本。

但是当活页记事本变得又厚又鼓的时候，就说明记事本的主人整理方式不佳。

使用笔记本的书套，东西整理起来就很简单

可以放交通卡

夹带行程表

行程表

交通卡

善用笔记本的书套，既容易整理，也方便携带

行程表需记录一个月要做的事，并且放入笔记本的书套之中，这样的话最多也只需要用到笔记本一页的空间就可以了。

笔记本的书套里，常常会设计一个夹层来放名片。

我们可以将交通卡放在这个位置，坐地铁时就可以顺利感应，通过检票口。

平时我是将交通卡放在两个地方：一张放在钥匙包里，另一张则放进书套的名片夹层中。

虽然平常主要使用的是钥匙包里的交通卡，但如果一时找不到，就可以使用笔记本中的备用卡片。

所以笔记本的书套还有两种功能：

①夹入行程表

②放入交通卡

腾用随身
笔记本的内容

上一次的笔记（已用完）

将重要的资料剪下后贴在新笔记本的前10页

这次的笔记

贴上重要资料之后的30页就当作平常的笔记使用

第一章 笔记为什么要做

第二章 A5笔记本与活页本与同时使用A4

第三章 课堂上的笔记技巧

第四章 快速提升成绩的笔记技巧

第五章 有效提升记忆力的笔记技巧

第六章 激活右脑的笔记技巧

第七章 制定日程表的技巧

第八章 活用四色文具术

第九章 一页一秒复习的笔记技巧

第十章 快乐学习的笔记技巧

04

随身笔记本分成三部分使用

首先，将随身笔记本分成三部分。

最前面的10页左右是用来将笔记、与这个月活动相关且重要的内容，从旧的笔记本剪贴到新笔记本上的。

除了可以把旧的随身笔记本中的内容汇整到A4笔

记上，另外也可将与本月相关的内容，剪贴到新的A5随身笔记中。

即使已经写在前一本笔记上，如果是尚未完成的事项，或仍在进行中的计划，都要持续记录下去。

这样随身笔记使用起来才会有延续性。

记得资料依然只剪贴至笔记的右页。

这是为了之后可能会再剪贴至另一本笔记本所做的准备。完成笔记的剪贴之后，剩下的页数就可以用平常的方式做笔记。

当然了，所谓平常的笔记也是只写在右页。

这样持续坚持做下来，这本随身笔记将会变成你的最强笔记。

虽然一本笔记本有50页，但我们实际上只使用其中的30页

随身笔记本最后10页是随记随丢的

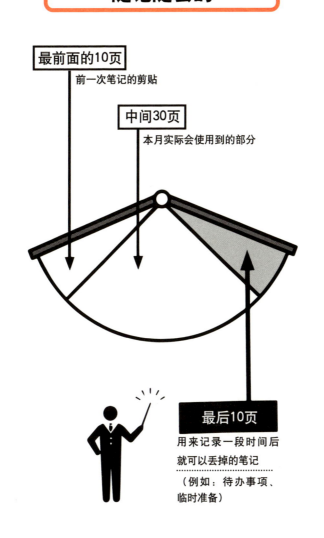

最前面的10页
前一次笔记的剪贴

中间30页
本月实际会使用到的部分

最后10页
用来记录一段时间后
就可以丢掉的笔记
....
（例如：待办事项、
临时准备）

最后的10页就当作随手记录的空间，记录一些对当下来说很重要，但之后可以直接丢掉的内容。

例如本月要达成的十件事、在人生中想要实现的十件事类似这种目标设定或是梦想的文字。抑或是朋友的手机号码等类似这种临时的备忘录，也可以记在最后10页中。

最后的10页，使用过就可以丢掉。

这样一来，笔记就会越用越薄。

虽然前面秉持只使用笔记本右页的原则，但最后的10页是例外，可以两面都用来书写。

因为这10页是预计将来会丢的部分，不会剪贴至其他笔记中，所以两面都可以使用。

50页的笔记本里只有最后10页可以随手使用，所以任意丢弃也无妨。反过来说，这10页的用途已经事先就决定好了。

最前面的10页是承继之前笔记用的，最后面的10页则是随时可以丢弃的部分，所以虽然一本笔记本有50页，但实际上只有30页可以用来做笔记。

虽然这种记笔记的方法非常奢侈，却能把笔记本的作用发挥得淋漓尽致。

第三章

课堂上的笔记技巧

当机立断决定记笔记的内容

在课堂上录音其实是一件很浪费时间的事情。

因为你以后还要再多花一倍的时间再重复听一次同样的内容。

请切记，即使你是把录音提速两倍来听，但这个动作浪费掉的时间已是人生的一大损失。

第一章 笔记为什么要做

第二章 本与A5笔记本同时使用A4活页

第三章 笔记技巧 课堂上的

第四章 笔记技巧快速提升成绩的

第五章 的笔记技巧有效提升记忆力

第六章 笔记技巧激活右脑的

第七章 技巧制定日程表的

第八章 活用四色文具术

第九章 的笔记技巧一页一秒复习

第十章 笔记技巧快乐学习的

为了不用再听一次录音，所以我们才要把笔记做好。

你想要在课堂上录音，一是因为你认为必须把老师所说的话一字一句正确地记录下来才行。

但这种想法是不对的！我们要做的笔记，是复习专用的重点式笔记！

就算老师讲到的内容我们一时之间无法理解也无所谓，只要认为这些重点未来复习时会用到它，就赶快把它写下来吧！

也就是说，做笔记的原则是：只记录下次复习时需要用到的内容。

也就是一边在脑中判断取舍，一边写下笔记。

就算是开商务会议时，也不要使用录音笔。

如果有了录音笔，就会对录音笔产生依赖，而且会让发言的人觉得可能留下证据，进而跟着大多数人一起陷入沉默，不愿发言加入讨论。

而且，为了不要让自己产生"我有录音笔感觉会比较安心"这样的想法，建议你干脆就把录音笔留

在家里吧。

第一章 笔记为什么要做

第二章 本与A5笔记本同时使用A4活页

第三章 课堂上的笔记技巧

第四章 笔记技巧快速提升成绩的

第五章 的笔记技巧有效提升记忆力

第六章 笔记技巧激活右脑的

第七章 技巧制定日程表的

第八章 文具术活用四色

第九章 的笔记技巧一页一秒复习

第十章 笔记技巧快乐学习的

板书是次要的，比起抄笔记更重要的是集中精力听课

很多人想要把笔记做到尽善尽美，但是这样一来便无法专心地吸收老师上课讲的重点。

在学校里，当老师要擦掉黑板上的字时，一定会有人大叫"请等一下！我还没全部抄完"。

像这样的人，通常笔记里的字都很工整，但复习时，绝对不会再看自己做过的笔记，因此成绩也一直无法提升。

成绩好的学生，在老师擦掉黑板上的字时绝对不会喊出"请等我一下"这种话。

他们总是在当时一边看着黑板，一边判断哪些是重点、哪些不是重点，当机立断，在笔记中写下真正的重点。

如果老师在黑板上写的都是重点，那么这位老师应该直接将这些内容复印给学生，来确保学生绝对不

笔记就是只写下复习时需要记住的重点

会记错或记漏。

老师之所以要写板书，只是为了让学生更容易理解课程的内容。

课堂上最重要的还是老师讲的内容，而板书只是其次。

如果你无论如何都想要把黑板上所有的内容都记下来，那么下课后再将同学做的笔记借来复印就好了。

比起要求自己一字不漏地记笔记，老师讲课的内容才是上课的重点。比起拼命地抄板书，能集中注意力听老师说话的人，才能收获最多。

将老师"真正想说的"记入笔记

　　有些同学听课时，完全不看老师，整堂课都非常认真地盯着黑板抄板书。

　　从现在起，请看看老师吧，不要再管黑板上写了什么。

　　不只是看老师的表情，还要盯着老师的眼睛，竖起耳朵，专心听老师说了什么。

不过，只会听讲的，也只能算是二流的学生。

一边听老师讲课，一边思考老师真正想说的是什么，这才是一流的学生。

虽然老师在黑板上那样写，但老师真正想表达的意思是什么？要时刻以这种怀疑的态度去听课。

有一些老师爱开玩笑，虽然一开始说："答案是A！"但可能马上又改口说："其实真正的答案是B。"

比较听话的学生在第一时间听到答案是A，会不假思索地接受了："啊！原来是这样啊！"

等老师说："这是一道陷阱题！其实答案是B。"这时，比较听话的学生就会想：老师真过分！

优秀的学生会在老师说答案是A时，随即判断："才不是呢，答案应该是B才对。老师会故意说A是为了让大家多加思考，等一下就会宣布正确答案了。"

紧盯着黑板，就无法集中注意力听老师讲课。只

是**一边思考老师真正想传达的意思，一边认真听老师说话的学生，成绩才不会差。**

如果你能够事先猜到老师想表达的意思，那么推测出大考的走向就一点儿都不难

在代代木的补习班里，在上一位教世界史老师的课时，我总是坐在第一排听课。

这位老师很喜欢说双关语的笑话。

有一次在上课前，我在讲台上摆好了一根香蕉，又在旁边放了一封写着预言信的信封。

老师一走进教室，看到香蕉就马上大声说："教室里面竟然有一根香蕉，你们是想被'烤焦'吗？"

"咦？旁边竟然还有一封预言信！"

"来打开来看看是什么！"

"预言信，看到这根香蕉的老师会说：你们是想被'烤焦'吗？"

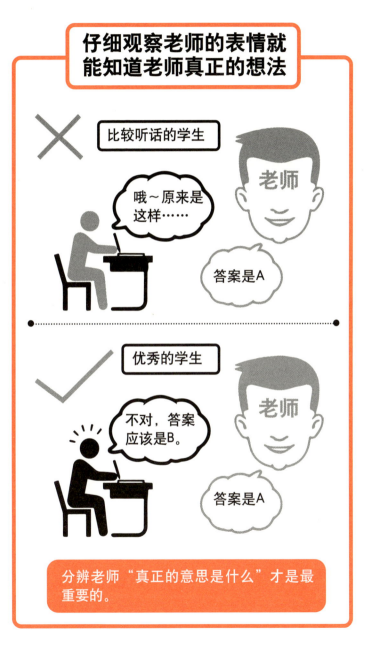

　　话音一落，不光是老师，连同教室里将近二百位的学生，全部哄堂大笑。

　　我不仅能预测老师可能会在黑板上写什么内容，连他会讲什么双关语都猜到了。

　　当你连老师的行为模式都能预测到时，要猜到明年大考的题目，应该也易如反掌了。

第一章 笔记为什么要做

第二章 本与A5笔记本同时使用A4活页

 第三章 课堂上的笔记技巧

第四章 笔记技巧快速提升成绩的

第五章 的笔记技巧有效提升记忆力

第六章 笔记技巧激活右脑的

第七章 技巧制定日程表的

第八章 文具术活用四色

第九章 的笔记技巧一页一秒复习

第十章 笔记技巧快乐学习的

03

分辨板书有没有考试内容

老师写在黑板上的内容，不要一字不漏地抄进笔记本。

要学会分辨黑板上写的内容是不是会出现在考试里，然后将自己认为比较可能会考的内容记录下来。

步入社会之后，做笔记也只需要把对自己工作有帮助的部分写下来就好。

不同的老师，板书的形式也会不太一样。

有些老师会把上课的内容全部写在黑板上，但也有一些老师只在黑板上写下重点。

例如教世界史的这位老师，写板书时只写考试会出的重点，所以当时他写在黑板上的内容，我一个字也不敢漏掉。

很少有老师会让我这么努力地把板书内容全抄下来，但现在回想起这位老师写的板书，还是觉得非常精彩。

他贯彻了考试会出的重点才写在黑板上，考试不会出现的，完全不会出现在黑板上这个原则。

而且一面板书只围绕一个主题，内容也刚好可以整合成一页A4纸，非常符合我做笔记的原则。

身为一个学生，即使漫无目的地将老师说过的话全抄下来，考试也未必会及格。

做笔记的目的在于，只要让你考前再翻一次笔记，就有把握拿到满分。

将老师在课堂上讲的好玩有趣的话一起备注在笔记本上，就可以达到印象记忆法的效果。

做笔记可不是学习唯一的重点。

将你印象深刻的关键字同时写进笔记中，才能加深自己的印象。

在世界史里提过所谓的大航海时代，也就是哥伦布发现新大陆的那个时代。

老师上这堂课的时候，曾经讲过这样一个玩笑："大航海时代，那个时候如果可以这样做就好了啊。为什么没有这么做呢……干脆改成'大后悔时代'算了。"

听到老师这句话的瞬间，我马上将这个玩笑写进我的笔记里。

之后只要读到这一段，我脑海中就会立刻跃入"大航海时代啊……哥伦布……应该会后悔为什么要去读《马可·波罗游记》吧！"这样的印象。

因为老师的笑话加深了印象，当被问及："哥伦布读了哪本书，才开启了他出海探险的梦想？"我能立即回答出来是《马可·波罗游记》。

第四章

快速提升成绩的
笔记技巧

01

努力做笔记，让老师教得起劲

　　说到做笔记这件事，只从学生的角度来看是远远不够的。

　　从老师的角度，如果看到学生努力地做笔记，就会恨不得把自己所有的知识倾囊相授。

老师也是平凡人，如果看到学生打瞌睡的打瞌睡、聊天的聊天，当然上课就会提不起劲，心想："这些学生都没有心思学了，我教再多有意义吗？"

如此恶性循环，就在学生不经意之间，老师就慢慢地放弃教学了。

要想让老师发挥出120%的实力，就只能靠学生来激发老师的热情。

不要只是认真听老师讲课，激发出老师最强的实力，是学生的责任。

据说宝冢歌剧团的常客，几乎会一年来光顾200天以上，不但频繁光临，而且还会选择坐在最前排的位置。

虽然同一场舞台剧，台词一模一样。

但不同的是，当天同一个演员的情绪变化。

能让演员展现出完美的极致表现，就是那些常客的责任了。

请把自己想象成宝冢歌剧团的常客，集中精神，努力地做笔记吧。

若是能让老师发挥实力，努力教学，也会让你的笔记内容更为出色。

没有人不做笔记，知识就很广博

有一种人可能自信满满地认为："我不做笔记也无所谓，你讲的内容我都不会忘。"

就算是爱迪生、爱因斯坦，也会为了避免忘却在脑袋中灵光乍现的想法，而随时随地做笔记。

自认为不做笔记也没问题的人，不管在学习还是工作上，都无法做出一番事业来的。

即使高中的成绩拿到满分，也无法以榜首之姿考上东京大学。

不信就去问问那些益智问答比赛中获胜的冠军，是不是遇到不清楚的问题，就要马上做笔记。

很多时候，一般人觉得理所当然、毫无疑问的事

情，天才也未必能做得到。

请记住，无论如何一定要做笔记。

那么，如果老师讲课的内容实在太无趣了该怎么办呢？

这个时候只要写下你正在想的事情就好。

所谓的笔记，就是老师讲课的内容，或者你认为课程的重点。

02

下决心一辈子都不重腾笔记

有一种人记笔记的时候，会先潦草地记，之后再重腾一遍。

这就叫作重复作业。

慢慢写把字写漂亮，和字迹潦草但写得速度很快这两种情形，你要选择哪一种？

答案当然是后者。

对于学习来说，没有任何事比速度更重要，速度是第一位的。

因为我们做笔记的时候将行距放宽了，所以就算写得再潦草，只要内容不是杂乱无章，之后复习也不会觉得太困难。

重腾笔记，真的是太浪费时间了，如果你有这样的习惯，请马上改掉吧。

快速书写才正确

上课做笔记的时候，偶尔会遇到提笔忘字，这时候一秒也不要迟疑。

先用拼音标记下来，等到复习时再将正确的字写在旁边。

若是因为一时之间想不起字怎么写而漏掉重点，考试时又出现了相关的题目，岂不是太可惜了？

不要一直想着我要做一份完美且正确的笔记，应该把每一个重点毫无遗漏地记下来，这才是最重要的准则。

还有一种人，担心自己的笔记太过潦草，被别人看到会不好意思，宁可浪费大把时间去做工整的笔记。

但是笔记，只要自己看得懂就行了。

比如，"织田信长"这几个字写起来实在太浪费时间了。

我们可以利用一些小技巧，比如按自己的喜好随意给"织田信长"取个小名，就可以提高下笔速度，甚至用拼音代替也可以。

就算把"织田信长放火烧毁比睿山"这句话改成"织田信长、烧山"也是你的自由。

就算是别人看到了"织田信长、烧山"这句话，丈二和尚摸不着头脑也无所谓，只要你用最快速的方式做笔记，自己懂笔记的意思就可以了。

又比如，丰臣秀吉四个字写完最快大概也要花上几秒钟的时间。

若我们用简写（Saru）[注2]的话，只需花一秒钟。

做笔记的时候，我们要以秒做单位，即便只省下一秒钟，也能让学习更有效率。

注 2：Saru 在日语中是猴子的意思，丰臣秀吉小时候因为身材与长相而被戏称为"猴子"。

笔记只要自己
看得懂就好

✕

一笔一画写笔记实在太浪费时间了

"织田信长放火烧毁比睿山"

✓

用自己懂的语言，迅速记录下来

"织田信长、烧山"

03

准备好，黑板上的字随时会消失

"马上写下来！好，擦掉！"

这是我初中时期学校老师的口头禅。

"在我说'好，擦掉！'之前就要记住，如果觉得记不住，那么就要在我擦掉之前把这些写进你的笔记本里，这样比较容易在脑海中留下印象。"

这位老师有这样的理论。

还有一位老师，通常都是写完板书后，下一秒钟就马上擦掉了。

"老师！这样太快了！"如果听见这样的抱怨声，不用怀疑，一定是成绩不好的学生发出的。

对于成绩好的学生而言，这种速度没有任何问题。

如果觉得黑板上的字永远都会留在那边等你，那么做笔记的速度就会越来越慢。

而写字速度慢的原因，也与思考速度慢有很大的关系。

如果觉得"马上写下来！好，擦掉！"这样的速度是正常的，脑子里思考问题的速度也会跟着越来越快。

所以说，随着加快做笔记的速度，也能同时加快思考的速度。

写得慢，
思考的速度就慢

成绩不好的学生

成绩好的学生

把板书会立刻消失当成理所当然，脑袋的转速也越来越快。

 ## 遇到不懂的地方，就用"？"标示出来

上课时，就算听不懂，也要写进笔记里。

虽然当时不懂，但随着不断地重复复习，之后就会慢慢明白。

在上课的时候，不懂的地方旁边先用"？"标示出来即可。

如果记笔记时只写自己知道的东西，而考试一旦从自己不了解的地方出题，就会完全无法回答。

有点搞不清楚，之后需要核查补充的。像这种情况，就用"？"标示出来。

如果老师讲的内容我完全听不懂，遇到这种如坠云雾中的情况就用"？？"标示出来。

如果遇到一个一辈子都无法理解的问题，则用"？？？"标示出来。

也就是说，我们可以把读不懂的程度分成三个阶段。

①一个问号"？"……之后再查一查就能解决。

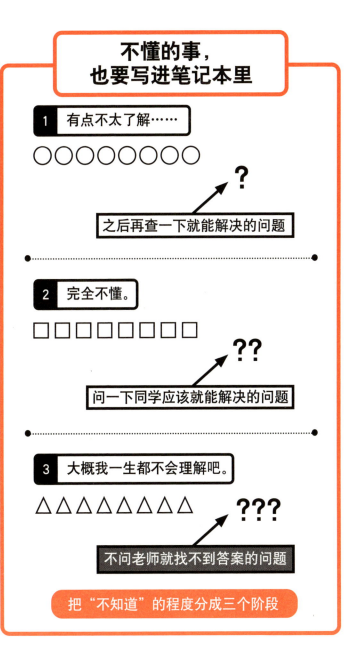

不懂的事，也要写进笔记本里

1 有点不太了解……

○○○○○○○

?

之后再查一下就能解决的问题

---

2 完全不懂。

□□□□□□□

??

问一下同学应该就能解决的问题

---

3 大概我一生都不会理解吧。

△△△△△△△

???

不问老师就找不到答案的问题

把"不知道"的程度分成三个阶段

②两个问号"？？"……问一下同学应该就能懂。

③三个问号"？？？"……完全不懂，非问老师不可。

对忙碌的老师来说，拿只有一个"？"程度的问题去问他，反而会给老师造成困扰。

确实是自己怎么样都无法解决的问题，再去请教老师吧。

One
Minute

第五章

有效提升记忆力
的笔记技巧

第五章 有效提升记忆力的笔记技巧

第六章 激活右脑的笔记技巧

第七章 制定日程表的技巧

第八章 活用四色文具术

第九章 一页一秒复习的笔记技巧

第十章 快乐学习的笔记技巧

01

写错不用改，打 ×
之后写上正确答案

做题的时候如果写错答案，千万不要直接涂改。应该在写错的地方画×，然后在旁边再写上正确答案。

人们看到写错的内容，常会本能地想要把它涂抹掉。

其实若把写错笔记这件事也记录下来，是一种帮助

记忆的好方法。

如果是可以不用思考直接回答出正确答案的题目，基本上不用再复习了，归根到底，复习只是要确保考试的时候能回答出正确的答案而已。

大家都很清楚，相比较之下，"正确答案应该是A，但却答成B"这种答错的题型，才是我们需要在考前复习的重点。

我们绝对不会故意去答错题。

这些不小心答错的问题，很可能是因为自己已经有了先入为主的错误观念，所以，这正好是帮助加强记忆的好机会。

比如，做笔记的时候把文莱的首都"斯里巴加湾市"写成"斯里巴湾加市"，写完的当时你一定看不出究竟是哪里出了问题。

"明明字都对的呀……怎么感觉怪怪的？哎呀，原来是把加湾错写成湾加了。"

但是多亏了当时把字写反了，即使我毕业20个年头了，到现在我还是清楚地记得文莱的首都叫什么名字。

第一章 笔记为什么要做

第二章 同时使用A4笔记本与A5活页本

第三章 课堂上的笔记技巧

第四章 快速提升成绩的笔记技巧

第五章 有效提升记忆力的笔记技巧

第六章 激活右脑的笔记技巧

第七章 制定日程表的技巧

第八章 活用四色文具术

第九章 一页一秒复习的笔记技巧

第十章 快乐学习的笔记技巧

已经不需要再复习的部分，就打上一个大×

这句话的意思是，复习时再花时间看已经记得的东西实在太浪费时间了，所以要把已经熟记的部分画上一个大×来标记。

这会让复习的时间能再缩短0.1秒。

打×便于我们在复习的时候，可以迅速辨别出这个部分无须再看。

复习完后若是觉得这题如果在考试中出现，我也有把握百分之百答对。那么也可以直接在笔记上打一个大×。

如果觉得没有把握，考试前我还是有可能解不开这道题。那么就把此段内容保存下来，之后再复习一次。

为了加快复习的速度，我们必须要移除不需要的资料。

经过反复的复习之后，打×的部分就会越来越多，而下一次复习时，速度就会更快。

不要涂改错误答案
而是直接写"×"

① 地球表面积中，

约有（　　　）％为海洋。

选择　A：90　　B：70

答案：B

正确答案 ⇐ 不用再复习了

② 地球上最大的大陆为（　　　）。

选择A：南北美洲

　　　B：欧亚大陆

答案：A̶　B

不正确 ⇐ 需要再复习！

在不正确的答案上打"×"，旁边再写上正确的答案。

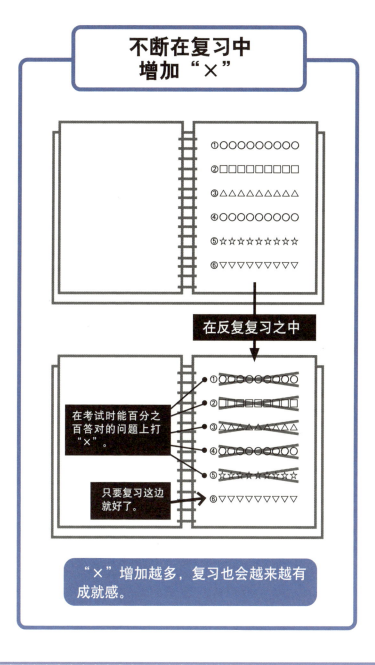

第一章 笔记为什么要做

第二章 本与A5笔记本同时使用A4活页

第三章 课堂上的笔记技巧

第四章 快速提升成绩的笔记技巧

第五章 有效提升记忆力的笔记技巧

第六章 激活右脑的笔记技巧

第七章 制定日程表的技巧

第八章 活用四色文具术

第九章 一页一秒复习的笔记技巧

第十章 快乐学习的笔记技巧

　　讨厌复习的人，是因为在复习的过程中，每次复习都要花上同样的时间，而且不断重复复习相同的内容，因而感到厌烦。

　　只要在复习的过程中，把已经融会贯通的内容删除掉，就能不断减少下一次的复习量，让自己对复习这件事情产生成就感。

　　所以尽情在自己确定有把握的题目上，大量地画×吧！

02

不犹豫，干脆地撕掉没用的部分

前一节提到，复习过程中，要将已经不需要的部分打×做记号。

但如果整页笔记满满都是×的记号，那么这一页就可以直接丢掉了。

如果笔记的八成已经打上了大×，只剩两成需要复

习，那你可以将剩下的两成剪下来，粘贴到A4活页笔记本里。

随着一次又一次的复习，不断地缩减复习量，才是正确的复习法。

如果你没学会在笔记上打×的话，随着课程进度持续推进，你要复习的笔记量只会不断地增加，不会减少。

背英语单词也是如此，烂熟于心的单词，就干脆也打上×吧。

如果要背1500个英语常用词汇，就先大胆地删除书中已经熟记的单词，将数量降到500个单词后再开始背诵。

若是连已经学会的单词也一起复习，实在太浪费时间了。我们之所以使用单词书背单词，就是为了只背诵自己没看过、不记得的。

看到这里也许有人会问："那么，要使用哪一种单词书比较好呢？"答案非常简单。

任何一种英语单词书都可以使用。

比如《英语单词2000》，通过筛减之后，可将单词数量降至1000个；若是1200个的单词集，则可降至400个。

持续用×来标记，养成直觉反应的习惯，复习会变得比想象的还简单。

标上日期，就能将事件做个记忆链接

我建议，一定要记得将笔记标上日期。

活页纸的右上角，通常有栏位可以填上日期，千万不要忘记了。

我建议要标注日期的原因有两个：

①看到日期时，当天发生的事情就会像一串相互串连的挂钩一样，一件一件地回想起来。

②让自己确认这一天已经认真复习过了，加强自己的信心。

第一，如果刚好写到自己生日那天，就会加深印象："对了，我生日当天复习到了这个。"如果是喜

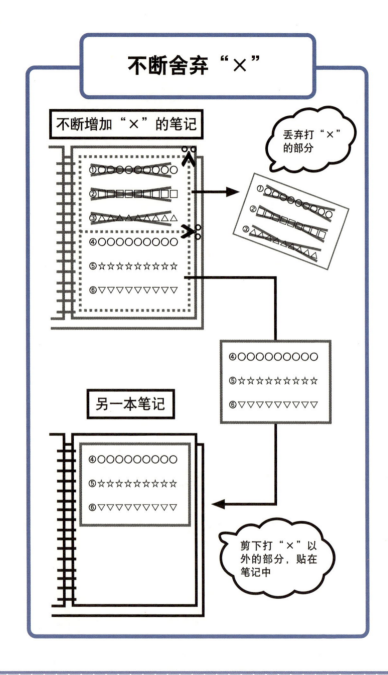

欢的人的生日，以这件事当作挂钩来串连，连带你会慢慢地喜欢做笔记。

第二，如果日期是1月1日，会让人油然而生一股自豪感："我从元旦第一天就这么认真复习，怎么可能会考不好呢？"

如果是12月24日的话，还能在心中给自己点个赞："圣诞节前夕也这么认真，别人都跑出去狂欢了我还在认真读书！"

为笔记标注上日期不用花一秒钟的时间，却能做出记忆挂钩，将记忆的内容串连起来加深印象，还可以让自己更加自信，所以从现在开始就请在笔记的右上角标上日期吧。

使用蓝色可擦笔

蓝色是连接色。

著名的互联网门户网站雅虎（Yahoo），也是用蓝色来标示连接。

重要的事情用蓝色记下来，不重要的内容采用黑色。

请记住，只要这个习惯养成了，你的记忆力将会增加一成以上。

强调用蓝色笔的这件事在作者的其他著作中也提过。很高兴很多读者因此愿意改用蓝色笔来做笔记。

在日本，已经有数万人实践过这项规定，所以，请你也开始改变习惯，用蓝色笔来做笔记吧。

只要从黑色笔换成蓝色笔，就能增强记忆力，这种立竿见影的效果，只需要做换笔的动作即可，无须付出额外的努力就可以实现。

既然如此，马上付诸行动吧！

我推荐使用百乐的可擦笔，除了笔头可以方便擦除写错的地方，而且只要单手一压按键就可以使用，不必先打开笔芯，简单便捷。

而且不用一支一支零散地买，一次直接买两打24支。

在我手边的蓝色可擦笔也一直都保持在二十几支左右。

因为，不用努力就能帮助提升记忆力的，不是黑色笔，而是蓝色笔。

 ## 买0.7毫米，而非0.5毫米的可擦笔

选购蓝色的可擦笔时，请记得不要买0.5毫米的笔芯，而要选择买0.7毫米的笔芯。

因为这样一来，就能轻松写出1.4倍粗的字体。

同样不需要特别努力，字就能马上变粗1.4倍，复习的时候简单地看一眼就能十分清楚。

大多数人都爱用0.5毫米的笔芯，不过当你开始使用0.7毫米的笔芯时，1.4倍的效率马上就会出现了。

考试的时候，决定胜负的关键常常就是那仅仅一分的差距。

所以复习的时候，更要吹毛求疵地去追求所有对自己有利的条件。

要提升复习的效率，有两个方法：

①改变学习方式。

②改变学习时使用的工具。

尤其是第2点，换工具这件事是最能够轻松做到的。

读书时的光线也要注意，要将刺眼的台灯换成光线

第一章 为什么要做 笔记

第二章 同时使用A4活页 本与A5笔记本

第三章 课堂上的 笔记技巧

第四章 快速提升成绩的 笔记技巧

第五章 有效提升 记忆力的 笔记技巧

第六章 激活右脑的 笔记技巧

第七章 制定日程表的 技巧

第八章 活用四色 文具术

第九章 一页一秒复习 的笔记技巧

第十章 快乐学习的 笔记技巧

柔和不伤眼的，这样有助于提高复习效率。

　　因为有这些学习工具的帮助，当你提不起劲来学习的时候，它们将会成为你最想感谢的好朋友。

One
Minute

第六章

激活右脑的
笔记技巧

01

用四色荧光笔来
刺激右脑

　　做笔记时，基本上大部分的内容都要使用蓝色笔书写。

　　重要的地方，就用红色笔画上底线。

　　忘记了也没关系的部分，就用黑色笔来书写。

关于圆珠笔使用的颜色，请选择蓝色、红色与黑色三种。

虽然常常会有人用到20种甚至是24种颜色，但那会使人陷入颜色分类的困惑中，平白浪费不必要的时间，所以建议各位读者保持使用三个颜色。

使用红、绿、黄、蓝四色荧光笔，来对应记忆四阶段

荧光笔的部分，我推荐使用四个颜色就好：

红色……一看就懂。

绿色……看后略加思考才理解的事。

黄色……以前看过，但不是特别了解的事。

蓝色……完全陌生的事。

以上就是本书推荐的四色使用方法。

我强力推荐，一定要根据四种不同的记忆程度来使用荧光笔。

根据记忆的四个阶段来使用荧光笔

一看就懂的事

红

看后略加思考才懂的事

绿

以前看过但不是特别懂的事

黄

完全陌生的事

蓝

四色英语学习法

我们在背英语单词时也可以用四色来区分：

红……看到就懂的单词。

绿……看了之后，还要略加思索才理解的单词。

黄……以前看过，但了解不多的单词。

蓝……完全陌生的单词。

红色是之后我们可以完全不用再复习的。

以优先顺序来看，可以分成三个阶段：

①要将绿色的单词提升为红色。

②要将黄色的单词提升为绿色。

③要将蓝色的单词提升为黄色。

把单词从绿色提升至红色的这一个阶段，你是最不费力，自然而然就可以做到的。

因为这些单词经过反复复习，已经深深地印在脑海中了。

当单词书内全部的字都提升到红色的阶段，就是这本单词书结束它使命的时候了。

 ## 英语语法分成四色来做笔记，可快速提升记忆力

碰到英语里关于语法的问题时，可使用以下方法进行区分：

红色……句型。

绿色……成语、惯用语。

黄色……其他。

蓝色……副词、连接词。

这种区分法可以让我们一眼就能分辨，比如：这句英文的句型是怎么组成的？哪一句是成语？我们可以像语法大师一般精通。

很多人之所以会觉得英语语法很难理解，就是因为不知道该用什么方法去记忆。

用四个颜色来区分后，再难的英语语法也会变得一目了然，学习起来更加得心应手。

这样你就可以省下思考这是语法还是短语的时间，在最短的时间内成为语法高手。

另外，在阅读长篇英语文章时，还要进一步使用红色以外的三种颜色来做区别：

绿色……要三秒左右才能回想起来的单词。

黄色……见过，但记不起来的单词。

蓝色……完全陌生的单词。

当阅读长篇文章时，在看不懂意思的地方，用蓝色的笔画上底线。

这样一来，上课时当老师讲到画线的地方，就能提醒自己这个地方我不懂，要集中注意力听课。看中文翻译时，碰到画上蓝色底线的地方，就可以集中注意力在这个不懂的地方，来回对照原文与翻译。

那么理想的英语单词熟练度应该是如何呢？

在日本排名前三的知名大学历届考题中，阅读长篇英语文章时，看不懂的单词不能超过五个。

用以上的方法来学习英语单词，比起其他的复习方式更有效率。

到了这个时间，当你再阅读长篇英语文章时，将只需要蓝色荧光笔。

单词的部分，也只会剩下完全陌生的这个类别。

至此，英语单词已经达到一定的水准，除非是初次见到的陌生单词，其他内容都已经在你的掌握之中，考试能够轻松过关也是理所当然。

让我们以只使用蓝色荧光笔为目标，来阅读长篇英语文章吧。

四色历史学习法

套用到历史科目，不管是学习本国历史还是世界历史，四色荧光笔笔记法也有出色的效果。使用方式如下：

红色……人名。

绿色……成就、事件、条约名称。

黄色……其他。

蓝色……年号。

因为人类的右脑图像、颜色等信息，用这四种颜色的笔来做笔记，当下次复习时，就能轻松地用颜色唤醒脑中的记忆。

研读历史教科书也能用四色荧光笔来区分。

首先，一拿到课本，不管是古代史还是现代史，一口气用荧光笔将出现的所有人名涂上红色。

如果要一边阅读文字，一边轮流使用这四种颜色的笔，实在太浪费时间了。

不如先一口气将人名全部用红色标示出来，然后轮番使用绿色、黄色、蓝色进行标注，这样才更有效率。

只要习惯了四色划分法的使用，下次复习时，就能让脑部加速运转、轻松记忆。

复习时画四重圆圈做记号

复习时，在题号的地方，以圈选的方式，用颜色做记号：

红色……第一次复习时，无法回答的问题用红笔圈起来。

绿色……第二次复习时，仍无法回答的问题，再用绿笔圈起来。

黄色……第三次复习时，仍无法回答的问题，再用黄笔圈起来。

蓝色……第四次复习时，仍无法回答的问题，再用蓝笔圈起来。

然后你就会发现，总是回答不出来的问题，就会被画上四重圆圈。

只要这样做，复习时就能因为要思索是否要增减圈选，轻而易举连带加深记忆。

无须再复习第二次的问题，请打×。

×以外的题目，请使用这四种颜色的笔来做记号。

红笔圈过的题目，无须绿笔再次圈选的时候，就打×划掉。这样一来，第三次复习时，就剩两个选择：绿笔圈过的要打×，或是再用黄笔进一步圈选。

本国史、世界史的颜色划分法

红 人名

绿 成就、事件、条约名称

黄 其他

蓝 年号

例

> 年号　　人名

公元622年，穆罕默德遭到迫害，

从麦加逃离至麦地那的事件叫？

> 其他　　其他

答案：圣迁

> 成就、事件

用4种颜色的笔来做笔记，可以很容易唤醒记忆。

持续这样下去，×就会越来越多。所以只要掌握四种颜色的使用方法，复习量就会越来越少，读书效率就会越来越高。

在四重圆圈画完之前，要大量增加×的出现机会。

One
Minute

第七章

制定日程表
的技巧

第一章 为什么要做笔记

第二章 同时使用A4活页与A5笔记本

第三章 课堂上的笔记技巧

第四章 快速提升成绩的笔记技巧

第五章 有效提升记忆力的笔记技巧

第六章 激活右脑的笔记技巧

第七章 制定日程表的技巧

第八章 活用四色文具术

第九章 一页一秒复习的笔记技巧

第十章 快乐学习的笔记技巧

01

每天从待办事项开始

请在每天早上养成一个习惯，在开始工作前，先把待办事项写下来吧。

只处理写在待办事项上的，没有写到的就先放一边去，彻底执行这一原则，让工作效率达到最高。

当然，如果中午要继续增加待办事项也无所谓。

新增的待办事项直接往后追加即可。

开始工作前，如果不先把待办事项列出来，与工作无关的事就会莫名其妙冒出来。

例如打开网页乱逛，或是处理跟原计划毫无关联事。

相较之下，有能力处理好工作的人，会依照待办事项上列举的内容，一项项去逐一完成。

每天养成写下待办事项的好习惯，就能明确下一步该做什么。如此一来，你对未来的诸多规划，也能一步一步地加以实现。

要常常思考如何才能让工作在最有效率的方式下完成，并且让大脑处于全速运转的状态。

 ## 写下两大目标，不再三心二意

一天请制定两个目标。

如果只制定了一个目标，而这个目标没有完成，心情上难免会感到失落。

但若是制定了三个以上的目标，可能因为时间不够或出现意外状况，导致最终连一个目标都无法完成。

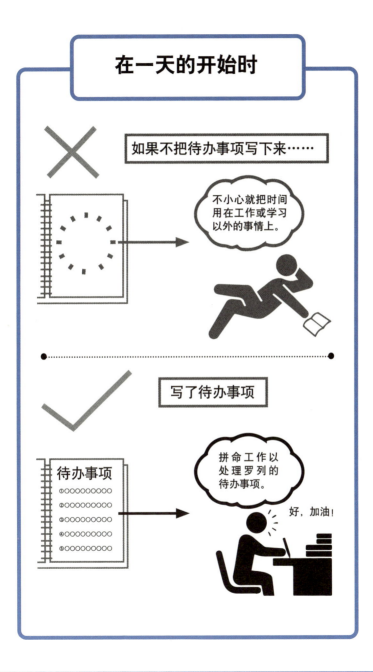

比如说，今天计划只复习数学，却被卡在很难的题目上转圈，迟迟无法解决，而造成学习效率低下，目标无法完成。

若想一口气复习数学、物理和英语三科，复习完成数学后，又可能三心二意，考虑接下来是复习物理还是英语比较好呢？把时间白白浪费在犹豫不决上。

为了不让自己浪费多余的时间，目标设定两个就好了。

我今天要复习数学和英语。一旦决定了，数学复习腻了就看英语，英语腻了再回来看数学，这样反复操作，这两科就都能够专心复习到。

读书学习的时候，目标设定两科。

工作的时候，同样只设定两个目标。

这样一来，在你不知不觉中，就能完成两件事情。如果今天只能达成一个目标，那就隔天继续加入一个新的目标，用同样的方式反复操作即可。

如此每天持续设定两个目标，半年、一年后，你就会对自己达到的成效惊讶不已。

一天只要制定两个目标

✗ 只制定一个目标

在失落感中结束这一天

✓ 制定两个目标

一边转换气氛一边读书

✗ 制定三个以上目标

浪费时间思考

熟练使用灰姑娘之心日记

一个人一天的日程表，也可以用四色来区分。

红色……工作（学习）

绿色……学习、阅读

黄色……有趣的事情

蓝色……杂事

你在一天当中，做了以上哪几件事呢？

一开始我也想过分成这四种颜色来划分行程表，但后来发现使用颜色过多，反而导致混乱，最后我就将其改良成用一个表格来汇整。

我给这张表格取了一个名字——灰姑娘之心日记。

大家可在网站上免费下载原始版本。

当然，你也可以参考我的版本，制作专属于自己的灰姑娘之心日记。

如何让自己充实地度过每一天，那就看你用什么方式制作日程表。

使用灰姑娘之心日记的四个步骤

关于灰姑娘之心日记的使用方法，分为以下四个步骤：

①将今日要做的事，分成四个类别写下来。

②写下两大目标。

③用数字列出优先顺序。

④紧急事项的部分，使用红笔画底线。

请先不假思索地将今天要做的事情分成四种类别，一一写下来。

接下来，从列表中选出两个你觉得能在今天之内完成的事项，分别写进两大目标中。

再从列表中依事情的紧急程度列出先后顺序，紧急的事项排在前面，分别用1、2、3、4等数字标示出来。

若其中有今天非完成不可的紧急事项，则用红笔画上底线，凸显其重要性。

画上红色底线的，有可能是第四项，当然也有可能是第六项，这都没关系。

这样一来，今天有哪些待办事项、处理事情的先后顺序会一目了然，省去还要多花数十秒去考虑：我接下来要做什么？

在一天开始前，先准备好这张表格，你的工作效率将会大幅提高。

灰姑娘之心日记

灰姑娘之心日记

今天的两大目标①

　　　　　　　　②

待办事项列表（　月　日）

自我成长 （学习+阅读清单）	
工作	
娱乐	
杂项	

原始版本可在网上下载
读者亦可复印本书附录使用。

用动词激发热情

灰姑娘之心日记上的阅读栏，直接写上书名即可，如《给青少年看的学霸笔记法》《给青少年看的学霸记忆法》。

与其完整写出"读完……"，直接写出书名比较快。

阅读或学习是我们每天都应该固定执行的事，所以在读的过程中大可省略动词。

但为了营造更有行动力的氛围，请把动词加上吧。

"研讨会DVD"太平铺直述，改成"看研讨会DVD"，在其中加入了动词"看"，会让人更有动力去做这件事。

如果是每天的例行公事，只写名词即可。

现在写这本书时，今天我的灰姑娘之心日记里是这么记的：

写笔记法

信

因为我目前正在写这本书，所以有"写笔记法"的这一条。

至于为何只简单写一个"信"字，是因为我每天都会更新我的网站上"石井贵士的专栏信"，而且已经变成一种习惯了。

像"写信"这样的生活小事，日复一日已变成习惯，所以直接写一个名词"信"即可，动词"写"就可以省略了。

但比起"笔记法"一词，"写笔记法"则是加上了

动词"写"去活化这个目标，使人更有动力去执行这件事。

又如"听研讨会CD、买墨水、洗衣服……"照这样的方式写下来，做事会让人充满干劲。

 每天最低限度是完成两个目标，最高目标是处理完整页待办事项

已经完成的待办事项则用"——"这样的删除号划掉。

从第一顺位开始删除，也许一天能完成五项，也许一天只能完成三项。

如果都删光了，你就会感到今天一天是如此的充实。

假如还有体力，想再多完成一些工作，那么就再写一页灰姑娘之心日记吧。

一天当中，最低限度是完成两个目标。

如果完成了两个目标，就请夸奖自己一下吧："我今天真的很充实，太棒了！"

　　若是表中列举的所有目标都在今天完成了，也记得要赞美一下自己："我今天超赞的啊！"

　　但是，通常情况下，我们会觉得事情还没有全部完成，一天就这样结束了。如果是这样，那就把今天留下来尚未完成的待办事项，写在红色便利贴上吧，把它贴在明天的灰姑娘之心日记上就可以了。

One
Minute

第八章

活用四色文具术

01

用四色决定笔记的先后顺序

　　若将一日行程表中的优先顺序，用四种颜色排列起来的话，顺序如下：

　　红色……现在应该马上做，最重要的事。（紧急度大、重要度大）

绿色……百分之百确定要做，但还没急迫到非立刻去做不可。（紧急度小、重要度大）

黄色……半年到一年内完成就行了。（紧急度中、重要度中）

蓝色……有机会的话想试试看，但不去做也无所谓。（紧急度小、重要度小）

由于灰姑娘之心日记是每天日程表，所以只写红色部分的紧急事项，写完红色部分后，绿、黄、蓝色的部分可能已经没有位置可以写了。

因为灰姑娘之心日记只有一天的分量。

这时，就是便利贴该出动的时候了。

分别在绿色、黄色、蓝色便利贴上按先后顺序写上待办事项，虽然无法在今天完成，但总有一天能找到机会去做。

接下来准备一张A4纸，用图钉钉在墙上，再将便利贴贴在上面，你就能随时看到自己未来的目标了。

红色便利贴用在延展事项上

有些事原本是今日的待办事项，但若今天来不及完成，就写在红色便利贴上吧。

然后贴在隔天的待办事项上即可。

这样一来，就能很容易发现有些事虽然连续延后了一个星期，也没造成什么问题。

如果事情并没有那么紧急，写在绿色便利贴上也无不可，出现这种状况的时候，请把它的重要性降到绿色便利贴的程度，再贴到墙上。

若想把以后要完成的事情提前在今天完成，就任选一张绿色便利贴，贴在今天的待办事项上，补充进今日该完成的目标。

养成把待办事项贴在墙上的习惯吧。

让想做的事情不断出现在实现范围内的好处是，我们常常会在睡前、吃饭时、上厕所时……突然冒出灵光一闪的好主意。

比如：把写有"寻找插画家"的便利贴贴在墙上，

有一天突然就会有个合适的人选闪进脑海中。

不止用颜色区分，便利贴的尺寸也要加以区分

便利贴的尺寸我们也要分成三种来使用：

小型便利贴……只写关键字。

中型便利贴……写名词或者动词。

大型便利贴……需要用短文表达的事。

我的使用方法是，如果有新书的构想，就将书名写在小型便利贴上。

因为内容只有书名而已。

中型便利贴则是列出"需要输入Excel""写简报"等，名词与动词兼具的项目。

而预计要在几月几日之前要给谁什么资料这类比较复杂的项目，就写在大型便利贴上。

随时准备三种尺寸的便利贴，执行以上的标准，你就再也不会困扰应该把待办事项写在哪个尺寸的便利贴上了。

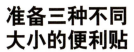

准备三种不同大小的便利贴

1 小型便利贴

一分钟笔记法

关键字

2 中型便利贴

输入Excel表格

名词、动词

3 大型便利贴

○月○日前，要给×××一份□□□的资料。
▲▲▲
也不要忘记了。

短文

事先决定好什么尺寸的便利贴要写"什么类型的资料"，就不会浪费时间思考了。

善用四色活页夹

写好的A4活页笔记，就用四色的活页文件夹来进行归纳：

红色文件夹……最重要的资料。

绿色文件夹……第二重要的资料。

黄色文件夹……第三重要的资料。

蓝色文件夹……第四重要的资料。

让我们以这样的先后顺序来做整理吧。

与工作相关的部分用下面的原则来进行分类：

红色文件夹……商务相关资料。

绿色文件夹……书籍相关资料。

黄色文件夹……其他资料。

蓝色文件夹……客户厂商的联络资料。

当然，你也可改用适合自己的分类方式。

比如做历史笔记时，可以将世界史、古代史、近代史、现代史划分为四种颜色，或者把地理笔记分成：亚洲为红色，欧洲为绿色，南美洲为黄色，非洲则为绿色。

充分运用这四种颜色，将分类养成自然而然的习惯，打造属于自己的独特笔记本就水到渠成了。

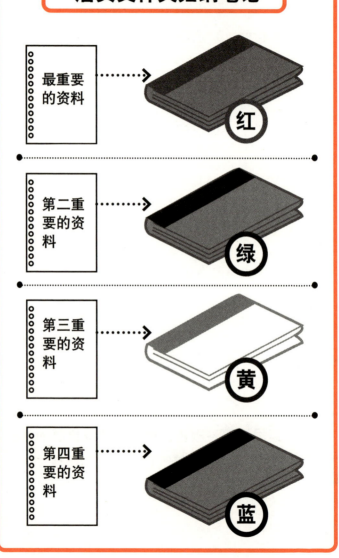

用四个颜色的
活页文件夹归纳笔记

最重要
的资料 ┈┈→ 红

第二重
要的资料 ┈┈→ 绿

第三重
要的资料 ┈┈→ 黄

第四重
要的资料 ┈┈→ 蓝

透明档案盒也用四色加以区分，应用无限

如果想用透明文件夹来归纳资料的话，也请买红、绿、黄、蓝四色。

A4的复印本、工作文件就用这四个颜色的文件夹来区分归纳。

理想的方法是，不管是活页笔记本还是透明文件夹都用四个颜色的透明档案盒来分类。

看到这里，应该会有人觉得：我已经使用透明文件夹归纳了，还要再用透明档案盒来归纳，真是超级麻烦。

如果你觉得麻烦的话，也可以用宽度大约10厘米的盒子，同样分成四个颜色，直接把文件放进去即可。

红色档案盒……一看就懂，完全不需要思考。

绿色档案盒……再看一下就会记得，需要优先复习。

黄色档案盒……看过，但不记得，有时间需要再

第一章 笔记为什么要做

第二章 本与A5笔记本同时使用A4活页

第三章 课堂上的笔记技巧

第四章 快速提升成绩的笔记技巧

第五章 有效提升记忆力的笔记技巧

第六章 激活右脑的笔记技巧

第七章 制定日程表的笔记技巧

第八章 文具术活用四色

第九章 一页一秒复习的笔记技巧

第十章 快乐学习的笔记技巧

用四个颜色的
活页文件夹归纳笔记

| 红 | 绿 | 黄 | 蓝 |

将透明文件夹放到档案盒内

| 红 | 绿 | 黄 | 蓝 |

轻松把文件、笔记分类成一目了然的程度。

拿出来复习。

　　蓝色档案盒……没看过也没听过，以后应该也不会再看的资料。

　　如上所述，再把文件、活页本、透明资料夹归类到透明档案盒之中。

第九章

一页一秒复习的
笔记技巧

01

超过三行的文字会造成阅读障碍

超过三行的文字，会造成复习的时候不利于阅读。

一句话能用一行结束的是最好不过的。

不然，就尽量将行数控制在两行内。

我在写文章的时候，也尽量在一两行内做一个段落。

因为人在阅读超过三行的段落时，会拉长对内容理解的时间，这样一来就难以用一秒钟来阅读理解一整页的内容。

切记，我们是为了缩短下次复习的时间，才做笔记的。

但是有一种情况是：虽然一行写完没问题，但是我们要特地把它分成两行。

例如下面这句话：A先生说的是正确的。B先生说的是错误的。

A先生说的是正确的。

B先生说的是错误的。

这样把一句话分成两行，复习时句子一映入眼帘，瞬间就能理解，让学习变得更轻松。

 同样一句话，换一种表达方式，也能变得更易懂

在英语中，有"Not A but B"这样的句型。

翻译过来就是"不是A，而是B"之意。

这样的语句也有另外一种用法，即改写成"B，not A"。

在笔记法中，写成"B，not A"比用"Not A but B"的句型，更能加深复习时的印象。

实际应用时的写法为：B（非A）

这样写才是正确的。

比起"不是丰臣秀赖，而是丰臣秀吉"，

丰臣秀吉（非丰臣秀赖）。

这样写会让你在下次复习时记忆更加深刻。

也就是说，先列举出结论，在之后补齐需要注意的重点，就能加深印象。

把一句话分成两行
也有好处

A先生说的是正确的，B先生说的是不对的。

A先生说的是正确的。

B先生说的是不对的。

写成一行时，脑筋得先转个弯才能读懂内容，如果分成两行，就能轻而易举理解。

目的是缩短复习的时间。

02

不紧不慢做出好笔记

很多人都有这样的经历："我明明打算把重点一字不漏全写下来，结果却什么也没记，一节课就这样结束了！"

为避免出现这种情况，我们应该养成习惯，在上课后的十分钟内，不管是什么内容都好，总之尽快动手做笔记。

把原本一片空白的页面，变成已经写有内容的笔记。

街头音乐演奏者在开始表演之前，会先放几百块钱在他的空吉他盒里面。

这样一来，好像已经有人往吉他盒里投过钱，从而就很容易吸引其他人做同样的事情，让路人把钱投进去。

做笔记也一样，若笔记本上已经有文字了，继续写下去也就变得不那么困难了。

开始上课以后的十分钟内，不相关的事情也可以，赶快在笔记本上写下来吧。

不要只想着要记下重点，这样会让心情越来越急躁，而是二话不说就开始动手，只有这样的人才能最终做出好笔记。

 只要同一页能复习超过20次，就能达到一秒看完一页的目标

一秒复习一页，这怎么可能！有些人会有这样的疑

开始上课的十分钟以内
尽量先写点东西

问，所以从一开始就放弃了。

当然，当你第一遍读笔记时，是不可能一秒读完一页的。

这是因为你通常还需要时间回想，有一些还不懂的内容也要继续加深记忆。

但是同一份笔记，反复复习两三次之后，就可从阅读每页需要30秒，提高到只需20秒，进而缩短至近10秒。

同时，你又顺便将已经充分了解、不需要再复习的部分打上一个大×。

这样一来，下次再复习时，已经理解的部分就不需要再看了。

如此重复，复习10次以后，就能将复习每个页面的时间缩短到3～5秒之间。

复习的次数越多，打×的部分也会越来越多，最后形成每页2/3以上的内容都打×的状态。

复习超过20次后，自然而然，就剩下只需一秒钟能复习完的部分。

重新剪贴没有打×的部分

在笔记本中，一页有2/3的部分打×的状态下，也就是说需要复习的内容只剩1/3了。

只剪贴这些重要的部分，就能将原来三页的内容浓缩成一页。若这些页面之前只使用单面，那么就能直接贴到活页纸上。

重新汇整的这些资料，再重复复习20次，又能再缩减2/3。

剩下的部分依上述做法再次剪贴，逐步缩减笔记的分量。

养成每页都重复复习20次的习惯后，下一次复习的时间，就会越来越短。

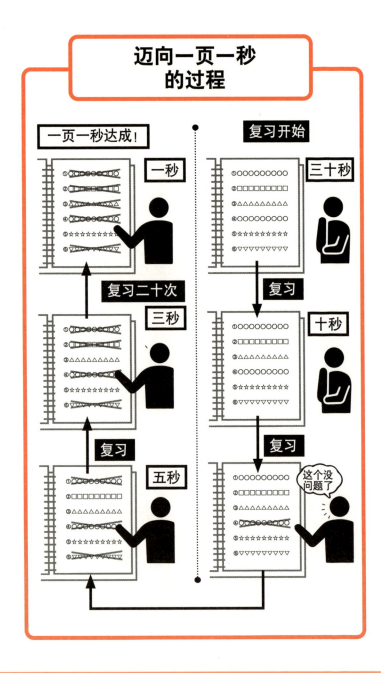

03

问答形式不超过四问

如果你要使用问答的方式来记忆信息，每一页最多只能放四道题。

像这种问与答的笔记，通常会做成卡片的形式。

这样的确更便于携带。

不过，还有一种方法能进一步提升记忆的速度。

那就是——**每一页只列出四道问答题。**

我在学生时代，曾经做过一个实验：用一问一答的方式来做笔记，那我一秒钟最多能复习几个问题？

结果发现四道题还能做到一秒复习，五道题以上就无法驾驭了。

若用卡片的形式，一面只有一道题目，而且为了看答案又要浪费时间翻面，太没效率。

若是一页笔记上能同时有四道问答题，不但内容一目了然，速度还能够提升八倍。

如果你原本认为自己的复习速度无法再提高了，建议你试试这个方法。

反复复习20次以上后，就可以把复习四个问答题的时间压缩到一秒钟内完成。

 ## 在笔记中写问答题时，要把字放大到两行的大小

问答形式的笔记，必须要用不同的方法来撰写。

不要使用活页纸，而是横向使用空白A4打印纸。

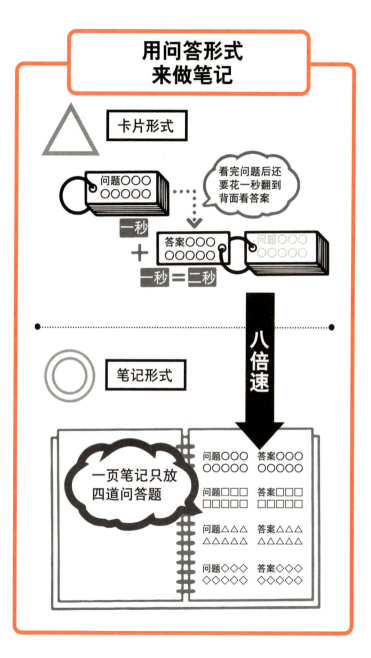

先把A4打印纸横向、纵向各对折一次，将整张纸划分为四等份。

使用方法为：左半部写下问题，右半部写答案。

其中要特别注意的是，字体请尽量放大至活页本两行左右的高度。大约是纵高14毫米的尺寸。

当然，要使用蓝色圆珠笔。

完成后，就会形成左边有四道题目，对应右边的四个答案。

使用问答形式做笔记，字体至少必须放到这么大，未来才能彻底实现一页一秒地复习。

第十章

快乐学习的
笔记技巧

01 便利贴让学习变快乐

在自己的笔记本上贴上喜欢的可爱贴纸，会让自己更喜欢这本笔记。

贴上自己喜欢的、看了就会愉快的贴纸，可以让自己在学习过程中保持愉快的心情。

比如说贴上动漫《七龙珠》里的超级赛亚人的贴纸，只要看到贴纸，就感觉要发动超能战斗力一样。

但是要注意一点，在自己喜欢的科目或是拿手的科目上，就不要使用贴纸战术了。

既然是本来就喜欢的科目，用一般正常的复习方式就行了，贴了只会让自己把心思花在欣赏贴纸上，那才是得不偿失。

要记得，只在自己不喜欢的科目笔记中贴贴纸。

在不喜欢的笔记中，贴上最喜欢的贴纸，这样一来，就算再讨厌这个科目，也会因为喜欢里面的贴纸而想翻阅复习。

为了强迫自己喜欢上讨厌的东西，就要使出最强的撒手锏。

 活用贴纸，将感情注入学习中

虽然我们说，学习就是一种逻辑方法。

但是**在学习的过程中投入感情，更能增强记忆**。

"真的吗？" "要考试啦！"

贴纸只贴在
不拿手科目的笔记中

讨厌科目的笔记

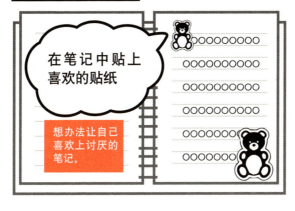

在笔记中贴上
喜欢的贴纸

想办法让自己
喜欢上讨厌的
笔记。

喜欢的科目笔记

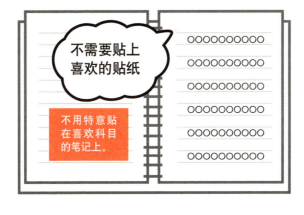

不需要贴上
喜欢的贴纸

不用特意贴
在喜欢科目
的笔记上。

"哇！""真的假的？"

"太棒了！""好可怜！"

"不觉得很强吗？""原来如此！"

做一些类似上述的情感记忆贴纸，贴在笔记上，就能将感情融入学习中，并且与大脑的记忆相挂钩。

"考试会出！""这里是重点！"

"重要！""最重要！"

"检查！""要不断复习！"

"不记得也无所谓！"

一起来大量制作像这样帮助记忆的贴纸吧！

多多贴上小贴纸，让笔记变得花哨起来吧！

"很努力哦！""太厉害啦！"

"天才啊！""做得很棒啊！"

"还是可以做得到嘛！"

另外，也做一些像这样鼓励自己的贴纸吧。

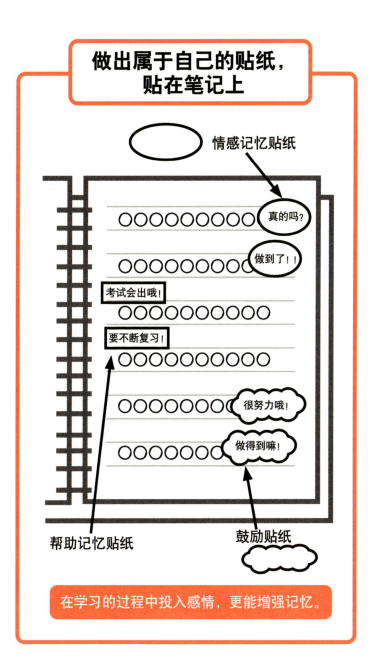

做出属于自己的贴纸，贴在笔记上

情感记忆贴纸

真的吗？

做到了！！

考试会出哦！

要不断复习！

很努力哦！

做得到嘛！

帮助记忆贴纸

鼓励贴纸

在学习的过程中投入感情，更能增强记忆。

第十章　快乐学习笔记技巧的

在复习完之后可以贴上贴纸来鼓励自己，比如"我都这么努力了，应该没问题的"，以此来增加自信心。

多做一些有趣的小贴纸，就能制作专属于自己的笔记，让笔记本变得趣味盎然。

第一章 笔记为什么要做

第二章 本与A5笔记本同时使用A4活页

第三章 笔记技巧课堂上的

第四章 笔记技巧快速提升成绩的

第五章 的笔记技巧有效提升记忆力

第六章 笔记技巧激活右脑的

第七章 技巧制定日程表的

第八章 文具术活用四色

第九章 的笔记技巧一页一秒复习

02

将梦想记下，增加学习的积极性

为了进一步增加干劲，请将梦想写在笔记中吧。

"笔记里不能写跟学习无关的东西"，千万不要有这种硬邦邦的想法。

写笔记的目的，就是为了增加学习的积极性。

如果你是个考生，就可以写上"考上北大！考上律师！"这样的内容，虽然这与功课毫不相干，却能让自己变得更加积极。

也可以写下：

"上了大学要交一个可爱的女朋友！"

"进了这所学校要找一个超帅的男朋友！"

这样一来，看到这些文字时，就会冒出"我一定要拼了"的想法。

不要犹豫，正视自己的梦想吧。别害怕被父母看到会不好意思，也别怕被朋友看到后会丢脸。

梦想一直改变也无所谓。

只要你勇往直前去追寻自己的梦想，距离成功就会越来越近，不是吗？

第一章 笔记为什么要做

第二章 同时使用A4活页本与A5笔记本

第三章 课堂上的笔记技巧

第四章 快速提升成绩的笔记技巧

第五章 有效提升记忆力的笔记技巧

第六章 激活右脑的笔记技巧

第七章 制定日程表的技巧

第八章 文具术 活用四色

第九章 一页一秒复习的笔记技巧

03 把偶像照片贴进笔记本

把喜欢的偶像照片，贴在笔记本里吧。

贴上偶像的照片可以提升对学习的好感度。

你可以在网上搜索一张喜欢的图片，将它打印出来，贴在自己的笔记本里。

但我不建议你将喜欢的异性艺人的照片贴在房间的墙壁上，因为看到的时候难免会驻足欣赏，徒然浪费时间。

如果正好翻到照片，在欣赏照片的当下，还能看到同一页笔记中的重要内容，这样或多或少会有学习效果。

若真的想在家里贴海报，请贴上强悍的人或是胜利者的海报。

例如贴上喜欢的足球队胜利时那一瞬间的场景，在你的潜意识里就会有满满的胜利感。

总之，我们要让房间里充满胜利感的氛围。

顺带一提，现在我房间里的海报，是阿诺德·施瓦辛格。

看到强而有力象征的海报，就会让你在潜意识里充满强而有力的气势。

变房间的墙壁为自己的笔记本

　　房间的墙壁，可以依据自己的创意，把它变成你专属的笔记本。

　　比如说，用空白A4纸贴满房间的整面墙壁，然后再大量贴上四种颜色的便利贴，这样你家的墙壁就会摇身一变成为墙壁笔记本了。

只要学会做笔记，
从今天开始
我们又更接近天才一步！

One Minute

如果想背诵世界史的某个部分，就将内容写在便利贴上，贴在墙壁上。这样一来，睡前或是经过时，这些资料就会无意识地映入眼帘。

若想背诵课本的某部分，也可以将之复印下来，贴在墙壁上。

将墙壁变成笔记本，就算在房间里发呆，也可以产生学习的效果。

厕所，是每天必定造访的地方。

厕所墙壁也可以贴上A4纸，做笔记整理。

比如，将英语单词用蓝色便利贴贴在厕所里。

每天一进厕所，这些单词无意间就映入眼帘，这样一来，很快便能将蓝色便利贴升级到黄色或绿色。

如果你家有两层楼或三层楼，楼梯的墙壁也可以如法炮制。

不仅房间的墙壁能用来记忆，整个家里的墙壁都可以成为你的笔记本。

贴在家里的这些笔记，就是最好的装饰品了。

后记

在我的房间里，一直都有50本以上的随身笔记本。

将这些笔记本剪剪贴贴以后，做出来的成品就会放进纸箱里，我用这种方法累积了好几箱笔记本屯在仓库里。

书桌旁边，也随时放了有500张左右的活页纸。

因为一直持续不断地记录，使用活页纸做笔记，就会感觉自己是个努力用功的人。

我的房间墙壁上贴满了空白的A4纸和便利贴。

前面提过，爱迪生生前留下了3700本的笔记。

这样的话，你也留下3000本吧！

其实，你不需要拼命三郎似的写出3000本，而是慢慢地累积起来就好了。

虽然说是3000本，但因为只使用活页本的单页，所以实际上也只写了1500本。

但是你不要去考虑这些，就以3000本为目标吧。

虽然你只用了单页记事，但若累积到3000本，那时的你会成为什么样的人呢？

累积起来的3000本，是扎扎实实的3000本。

若累积起3000本能用一页一秒来复习的笔记，那时的你又会是什么样的人呢？

肯定已经是个成功人士了。

随着笔记本的累积而增长了知识，于是变得越来越有自信。

让成功的笔记，创造出成功的人生吧

这句话你可以记在心里，并做出更多的笔记。

你的人生之路会变成什么样子，就取决于你的笔记了。

 **附记**

　　灰姑娘之心日记由石井贵士官方网站免费提供，欢迎读者前往下载使用，或直接复印下页的附录。

灰姑娘之心日记

今天的两大目标①

　　　　　　②

待办事项列表（　月　日）

自我成长 （学习+阅读清单）	
工作	
娱乐	
杂项